Learning Ge
a detecti
(for i

© 2023 LearnOutLive

4th edition

All text & illustrations by André Klein except cover illustration by Pearson Scott Foresman (PD) via Wikimedia Commons

First published on May 23rd, 2013 as Kindle Edition
First paperback edition published on May 28th, 2013

ISBN-10: 1489571841
ISBN-13: 9781489571847

learnoutlive.com

Table of Contents

Introduction..........4

How To Read This Book..........6

1. Früh morgens im Zoo..........8

    Übung..........15

2. Präzisionsarbeit..........17

    Übung..........22

3. Frühstück..........24

    Übung..........30

4. Auf dem Revier..........32

    Übung..........36

5. Heimatlos..........38

    Übung..........43

6. Das Verhör..........45

    Übung..........52

7. Falsche Spuren..........55

    Übung..........60

8. Fleischeslust ... 62

Übung ... 68

9. Vegetarismus für Anfänger ... 70

Übung ... 77

10. Drecksarbeit ... 79

Übung ... 84

11. Glückstreffer ... 86

Übung ... 92

12. Unter vier Augen ... 94

Übung ... 99

Answer Key / Lösungen ... 101

Acknowledgements ... 102

About the Author ... 103

Collect all Baumgartner & Momsen Episodes ... 104

Get Free News & Updates ... 109

You Might Also Like ... 110

Introduction

In German, detective stories are called *Krimis*. One of the most famous German *Krimis* is perhaps the TV-series *Tatort* which means *crime scene* and has been running since 1970 on television channels in Austria, Switzerland and Germany.

Watching the weekly *Tatort* has become an almost iconic activity in everyday German culture. Each Sunday at 8:15pm, shortly after the evening news, millions are flocking to the screen to solve fresh crimes and mysteries.

This book is a detective story especially written for German learners. Not only does it invite readers to help solve a crime but also to pick up important *Krimi* vocabulary that can serve as a preparation for watching series such as *Tatort* and many others in the original.

Each chapter contains a selection of relevant words translated into English, and is followed by questions regarding the content. (The correct answers can be found at the end of the book.)

While the writing itself primarily aims at an entertaining and interactive experience, the language is specially designed to familiarize the reader with unique forms of spoken German, with an emphasis on idioms and colloquial speech.

This Book Contains:

- a page-turning detective story crammed with humor and suspense
- hand-drawn illustrations by the author
- special emphasis on idioms and natural everyday German
- vocabulary sections with difficult and essential words translated to English
- exercises for comprehension training

How To Read This Book

Before we start, we should note that there will be unknown words in the following story and that there are, in fact, various ways to deal with this very common problem for language learners of all ages and stages.

Perhaps the best advice can be found in the words of Roald Dahl that appear in his children's novel *Matilda: "And don't worry about the bits you can't understand. Sit back and allow the words to wash around you, like music."*

Some readers will be content with this more intuitive approach while others feel they need to know each word in a sentence before they advance to the next.

There are two ways to satisfy these needs directly, without ever having to leave the text itself.

1. As already pointed out above, important or difficult words are appended to each chapter with an English translation.

2. For some readers this special selection will not be enough. In that case, navigating to a digital dictionary such as **dict.cc** on your computer or mobile device can be a very convenient support.

ANDRÉ KLEIN

1. Früh morgens im Zoo

Es lag ein strenger Geruch über dem Braunbärengehege. Kommissar Harald Baumgartner hielt sich ein Taschentuch vor Mund und Nase und sagte: „Man riecht es meilenweit!"

Kommissarin Katharina Momsen schüttelte den Kopf. „Das ist bloß der natürliche Duft der Braunbären", sagte sie. „Und wo müssen wir hin?", fragte Harald Baumgartner. Katharina blickte auf eine Karte und sagte: „Zum Gehege des *Ailuropoda melanoleuca*!"

„Du klingst schon wie Grabowski", sagte Harald. „Geht das auch auf Deutsch?"

„Pandabären", sagte Katharina. „Neben den Eisbären dort." Die Kommissare liefen am Gehege der Eisbären vorbei. „Tote Hose", sagte Baumgartner. „Wo sind die alle?"

„Vielleicht ist es einfach zu warm", sagte Katharina. „Zu warm? Es ist Februar", sagte Harald.

„So ist das mit dem deutschen Wetter. Im Sommer ist es nicht richtig warm und im Winter ist es nicht richtig kalt", sagte Katharina und ging weiter. Nach ein paar Metern machte sie neben einem Zaun halt und las: „*Xióng Māo*, wörtlich: Bär-Katze."

Das Gehege der Pandabären bestand aus einer künstlichen Felsenlandschaft mit ein paar Kletterbäumen und alten Autoreifen. Hier und da lagen kleine Haufen von Pflanzen und Exkrementen. Rund um das Gehege lief ein tiefer Graben und darüber ein Stahlzaun.

Katharina schaute auf die Uhr. „Schon fünf nach. Wo bleibt der denn?"

„Meinen Sie mich?", sagte eine Stimme. Katharina fuhr auf. Neben ihr stand ein Zoowärter mit einem blauen Overall und dichtem Bart. Er zog einen Schlüsselbund aus der Hosentasche und sagte: „Wollen wir?"

Der Zoowärter öffnete ein Gatter im Zaun und stieg eine Leiter hinunter in den Graben. Katharina folgte ihm. Kommissar Baumgartner seufzte und begann ebenfalls die Leiter hinunterzusteigen. Als er die Mitte erreicht hatte, hielt er inne und sagte: „Und die Bären?"

„Keine Sorge. Die sind drinnen", sagte der Zoowärter und zeigte auf ein schmuckloses Betongebäude hinter dem Gehege. Kommissar Baumgartner stieg die letzten paar Sprossen hinab in den Graben und rief: „Verdammt!"

„Was ist denn ...", begann Katharina. Aber als sie sah, dass Harald seinen Schuh an einem Stein abstreifte, verstummte sie.

„Nicht vergessen heute Lotto zu spielen", sagte der Zoowärter.

„Ja, wenn schon Hundekot Glück bringt, dann ist dir mit Pandascheiße der Jackpot sicher", sagte Katharina und lachte.

ZUM BÄRENHAUS

„Sehr witzig", sagte Baumgartner und rieb einen Holzstock über seine Schuhsohle. „Zeigen Sie uns lieber den Fundort!"

„Dort hinten", sagte der Zoowärter und ging ein paar Schritte. Kurz bevor der Graben an einer Wand endete, machte der Zoowärter halt und ging beiseite. Auf dem Beton lag der Körper einer jungen Frau mit blondem Haar. Sie trug eine Winterjacke mit Fellkragen und Jeans.

„Sie haben die Leiche gefunden, Herr ...?", fragte Kommissarin Momsen.

„Feldmann", sagte der Zoowärter und nickte.

„Um wie viel Uhr waren Sie heute Morgen hier?", fragte Kommissar Baumgartner.

„Ich habe keine Armbanduhr", sagte Herr Feldmann. „Es muss so gegen halb sechs gewesen sein."

„Also vor circa zwei Stunden", sagte Baumgartner. Der Zoowärter nickte.

„Haben Sie die Leiche bewegt oder irgendetwas verändert?", fragte Kommissarin Momsen. „Nein", sagte der Zoowärter. Ich habe das Mädchen von oben gesehen und habe Sie sofort angerufen."

„Waren die Bären die ganze Nacht im Haus?", fragte Katharina.

„Wir haben ein automatisches Türsystem. Sehen Sie das große Gatter dort?", fragte Herr Feldmann und zeigte auf das Pandabärenhaus. „Im Frühling und Sommer öffnet sich das Tor jeden Tag für vier Stunden. Die Tiere können dann frei rein und raus."

„Und im Winter?", fragte Baumgartner.

„Im Winter bleibt das Tor normalerweise verschlossen", sagte der Zoowärter.

„Normalerweise?", sagte Katharina.

„Wir behalten die Tiere drinnen von Anfang Dezember bis Ende Februar. Aber zur Reinigung öffnen wir das Tor manuell und schicken die Tiere raus, damit die Reinigungsarbeiten sie nicht stören", sagte Herr Feldmann.

„Und wann war die letzte Reinigung, Herr Feldmann?", fragte Katharina.

„Gestern", sagte der Zoowärter.

„Nur damit ich nichts falsch verstehe", sagte Baumgartner. „Pandabären sind Pflanzenfresser, richtig?"

Herr Feldmann lachte und sagte: „Der Pandabär hat zwar das Image eines friedlichen Herbivores, das ist aber nur bedingt korrekt, denn genetisch ist er ein Fleischfresser."

„Ich dachte, Pandabären fressen nur Bambus", sagte Katharina.

„Ja", sagte der Zoowärter. „Es ist ehrlich gesagt nicht eindeutig geklärt, warum der Pandabär einerseits das Verdauungssystem eines Fleischfressers hat, aber sich andererseits hauptsächlich von Bambus ernährt. Zum Beispiel gibt es immer wieder Hinweise, dass Pandabären sich in der Wildnis in China auch von Kadavern ernähren."

„Also ist es nicht ausgeschlossen, dass Pandabären auch Menschen angreifen?", fragte Baumgartner.

„Der Pandabär ist kein Raubtier", sagte Herr Feldmann. „Sie sind sehr scheue Tiere. Aber wenn eine Mutter ihr Junges schützen will, kann es vorkommen, dass sie Menschen angreift."

„Wie viele Pandabären haben Sie?"

„Drei", sagte Herr Feldmann. „Zwei ausgewachsene und ein Jungtier."

~

---

streng: harsh | **meilenweit**: for miles | **den Kopf schütteln**: shake ones head | **der Duft**: fragrance | **das Gehege**: enclosure | **wie jd. klingen**: to sound like sb. | **Tote Hose**: nothing happening | **wörtlich**: literally | **künstlich**: artificial | **die Felsenlandschaft**: rocky landscape | **der Beton**: concrete | **der Kletterbaum**: climbing tree | **der Autoreifen**: tire | **der Haufen**: heap | **die Exkremente**: excrements | **der Graben**: trench | **der Stahlzaun**: steel fence | **Wo bleibt der denn?**: Where is he? | **auffahren**: to get startled | **der Zoowärter**: zookeeper | **der Overall**: jumpsuit | **dicht**: thick | **der Schlüsselbund**: key ring | **Wollen wir?**: Shall we? | **das Gatter**: gate | **seufzen**: to sigh | **innehalten**: to pause | **Keine Sorge**: Don't worry | **schmucklos**: unadorned | **die Sprossen**: rungs | **Verdammt!**: Damn! | **etw. abstreifen**: to wipe sth. off | **der Kot**: feces | **die Pandascheiße**: panda shit | **reiben**: to rub | **der Holzstock**: stick branch | **die Schuhsohle**: sole of a shoe | **der Fundort**: finding place | **haltmachen**: to halt | **beiseite gehen**: to step aside | **der Fellkragen**: fur collar | **die Leiche**: corpse | **die Armbanduhr**: watch | **die Türsystem**: door system | **das Tor**: gate | **die Reinigung**: cleaning | **rausschicken**: to send out | **der Pflanzenfresser**: herbivore | **friedlich**: peaceful | **bedingt**: partly | **genetisch**: genetically | **der Fleischfresser**: carnivore | **fressen**: to eat [animal] | **ehrlich gesagt**: to be honest | **eindeutig**: clearly | **einerseits**: on the one hand | **sich von etw. ernähren**: to feed on sth. | **das Verdauungssystem**: digestive system | **andererseits**: on the other hand | **der Hinweis**: hint | **die Wildnis**: wilderness | **der Kadaver**: carcass | **nicht ausgeschlossen**: not excluded | **das Raubtier**: predator | **scheu**: shy | **das Junge**: cub | **vorkommen**: to occur | **angreifen**: to attack | **ausgewachsen**: grown | **das Jungtier**: young animal

 **Übung**

1. Wo wurde die Leiche gefunden?

a) im Affenhaus

b) im Terrarium

c) im Pandagehege

2. Was ist Herr Feldmanns Beruf?

a) er ist Zoowärter

b) er ist Zoologe

c) er ist Journalist

3. Die Leiche ist ...

a) eine blonde Frau

b) eine brünette Frau

c) eine rothaarige Frau

4. Wo sind die Pandabären?

a) in einem Käfig

b) im offenen Gehege

c) im Pandabärenhaus

2. Präzisionsarbeit

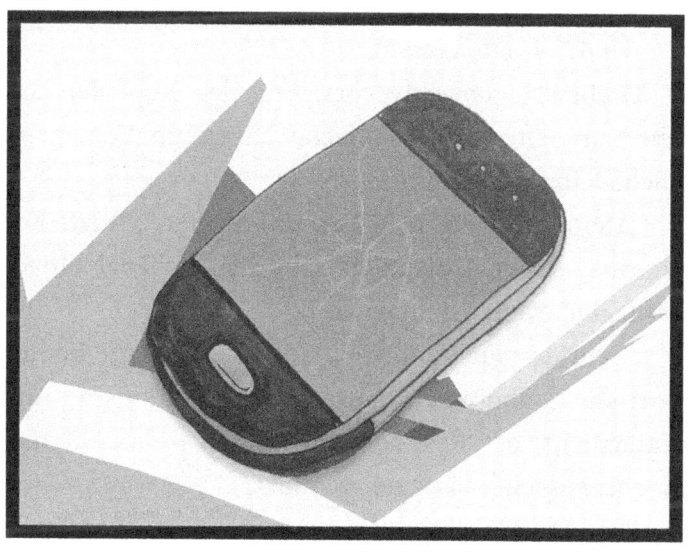

Als Grabowski und das Team von der Spurensicherung erschienen, sagte Baumgartner: „Ihr seid spät."

Grabowski stieg die Leiter hinunter in das Pandagehege und sagte: „Auch Ihnen einen wunderschönen guten Morgen, Herr Kollege!"

„Hier entlang", sagte Katharina und wies Grabowski den Weg.

Grabowski zog sich ein Paar Gummihandschuhe an und kniete neben der Leiche.

„Und?", fragte Harald.

Grabowski bewegte vorsichtig den Kopf der Leiche zur Seite. Eine Blutlache kam zum Vorschein. „Schädelfraktur", sagte er.

„Meinen Sie, das Mädchen ist gestürzt?", fragte Katharina. „Oder jemand hat ihr den Schädel eingeschlagen", sagte Grabowski.

„Geht das auch ein wenig präziser?", fragte Baumgartner. Grabowski ignorierte den Kommissar und untersuchte den Rest des Körpers. Als er einen Ärmel hochkrempelte, sagte er: „Mmh."

Rote Streifen liefen über den Arm des Mädchens. Am anderen Arm fand sich ein ähnliches Muster. „Was ist das?", fragte Katharina. „Ich zähle jeweils fünf Linien."

„Ohne den Laborbefund ist es schwierig", sagte Grabowski. „Glauben Sie, das Mädchen hat sich die Arme geritzt?", fragte Katharina.

„SVV? Möglich", sagte Grabowski.

„SV-*was*?", fragte Baumgartner.

„Selbstverletzendes, auch autoaggressives Verhalten genannt", sagte Grabowski.

„Mmh", sagte Kommissarin Momsen. „Vergessen Sie nicht, im Labor unter den Fingernägeln nachzuschauen."

Grabowski ließ von der Leiche ab, schaute Katharina an und sagte: „Bravo, Frau Kollegin. Wenn Sie so sicher in der Materie sind, wieso ermitteln Sie dann nicht auch gleich die Todeszeit?"

„Ich ... wollte nicht", begann Katharina.

„Nein, nein. Schauen Sie", sagte Grabowski und wandte sich wieder der Leiche zu. „Schauen Sie und lernen Sie! Diese blauvioletten Flecken hier zum Beispiel am Hals des Mädchens."

„Prellungen", sagte Baumgartner.

Grabowski lachte und schüttelte den Kopf. „Falsch!", sagte er. „Es handelt sich hier um *Livores*, auch bekannt als Leichenflecken, welche circa zwanzig bis dreißig Minuten nach dem Tod eintreten, weil das Blut innerhalb der Gefäße absinkt. Der Farbe nach zu urteilen, liegt der Todeszeitpunkt vor circa zweieinhalb Stunden. Aber um Genaueres zu sagen ..."

„Jaja, der Laborbefund", sagte Baumgartner.

„Lassen Sie mich einfach meine Arbeit machen",

sagte Grabowski.

„Einen Augenblick", sagte Kommissar Baumgartner. Er fischte ein Mobiltelefon aus der Jackentasche des Mädchens, steckte es in eine Plastiktüte und sagte zu Grabowski: „Das Display ist gesprungen. Aber vielleicht können Sie im Labor die gespeicherten Daten anzapfen."

„Handschuhe!", rief Grabowski, aber Baumgartner ignorierte ihn. In der anderen Tasche fand er ein Portemonnaie. Er klappte es auf, zog einen Personalausweis heraus und las: „Iuleta Popescu. Das ist Polnisch, oder?"

„Nein", sagte Grabowski. „Rumänisch. Abgeleitet von *popă*, Priester."

„Seit wann sprechen Sie Rumänisch?", fragte Kommissarin Momsen.

„Allgemeinbildung", sagte Grabowski.

~

die Spurensicherung: forensics | **jdm. den Weg weisen**: to show sb. the way | **die Gummihandschuhe**: rubber gloves | **knien**: to kneel | **die Blutlache**: pool of blood | **zum Vorschein kommen**: to appear | **die Schädelfraktur**: skull fracture | **stürzen**: to fall | **den Schädel einschlagen**: to batter the skull in | **präzise**: precise | **jdn. ignorieren**: to ignore sb. | **etw. untersuchen**: examine sth | **die Ärmel**: sleeves | **hochkrempeln**: to hitch up | **die Streifen**: stripe | **das Muster**: pattern | **jeweils**: respectively | **der Laborbefund**: laboratory findings | **sich die Arme ritzen**: to cut one's arms | **selbstverletzend**: self-injuring | **das Verhalten**: behavior | **die Fingernägel**: fingernails | **von etw. ablassen**: to turn away from | **sicher in der Materie sein**: to be at home in a subject | **etw. ermitteln**: to determine sth. | **sich etw. zuwenden**: turn to sth. | **die Flecken**: stains | **die Prellungen**: bruises | **sich um etw. handeln**: to be a case of sth. | **die Leichenflecken**: postmortem lividity | **die (Blut)gefäße**: (blood) vessels | **etw. nach zu urteilen**: judging by sth. | **der Todeszeitpunkt**: time of death | **um Genaueres zu sagen**: to be more accurate | **die Jackentasche**: jacket pocket | **etw. herausfischen**: to fish out sth. | **die Plastiktüte**: plastic bag | **gesprungen**: cracked | **etw. anzapfen**: to tap into sth. | **das Portemonnaie**: wallet | **der Personalausweis**: identity card | **polnisch**: Polish | **Rumänisch**: Romanian | **von etw. abgeleitet**: derived from sth. | **die Allgemeinbildung**: general knowledge

 **Übung**

1. Welche Merkmale hat die Leiche?

a) ein gebrochenes Bein und eine Kopfwunde

b) eine Kopfwunde und Kratzer an den Beinen

c) eine Kopfwunde und Kratzer an den Armen

2. Wann ist der ungefähre Todeszeitpunkt?

a) vor eineinhalb Stunden

b) vor zweieinhalb Stunden

c) vor dreieinhalb Stunden

3. Wie bestimmt Grabowski diesen Zeitpunkt?

a) mit Hilfe der Todesflecken

b) durch Analyse der Finger

c) mit einem speziellen Instrument

4. Was findet Baumgartner in der Jackentasche?

a) ein Mobiltelefon und einen Pass

b) ein Mobiltelefon und einen Personalausweis

c) ein Mobiltelefon und einen Führerschein

3. Frühstück

~

Die Kommissare liefen in Richtung des Ausgangs, vorbei an den Affenhäusern und Terrarien. Die Sonne glimmte fahl hinter dunklen Wolken.

„Und jetzt?", fragte Katharina.

„Hast du schon gegessen?", erwiderte Harald und zeigte auf das Zoorestaurant neben dem Eingangstor.

Eine Glocke klingelte, als Kommissar Baumgartner

die Glastür öffnete. Das Restaurant schien leer. Die Stühle waren auf die Tische gestellt, doch aus Richtung der Küche kam Geschirrgeklapper.

„Kundschaft!", rief Katharina.

Kommissar Baumgartner nahm zwei Stühle von einem Tisch und legte seinen Mantel ab.

„Wir haben eigentlich geschlossen", sagte eine Stimme und ein Mann Mitte vierzig erschien hinter der Theke.

„Kripo, Mordkommission", sagte Katharina und zeigte ihren Ausweis.

„Mord?", sagte der Mann. „Hier?"

„Möglicherweise", antwortete Harald. „Wir befinden uns am Anfang der Ermittlungen. Warum bringen Sie uns nicht zwei Teller Rührei mit Speck und wir sprechen darüber."

„Das geht leider nicht", sagte der Kellner und zeigte auf einen Aufkleber am Fenster. „Das ist ein vegetarisches Restaurant."

„Dann zwei Tassen Kaffee, bitte", sagte Katharina.

„Vegetarisch, ich fass' es nicht", sagte Baumgartner, als der Kellner zurück in die Küche gegangen war. „Was denken die sich dabei?"

„Ich finde das gar nicht so schlecht", sagte Katharina. „Man muss ja nicht jeden Tag Fleisch essen."

Harald Baumgartner schüttelte den Kopf. Der Kellner erschien mit zwei dampfenden Tassen.

„Setzen Sie sich, Herr ...", sagte Katharina.

„Sommer", sagte der Kellner.

„Wann haben Sie heute Morgen den Zoo betreten?", fragte Katharina.

„So gegen halb fünf. Wir kriegen täglich frische Brotlieferungen um halb sechs", sagte Herr Sommer.

„Ist Ihnen irgendetwas aufgefallen, als Sie heute Morgen den Zoo betreten haben?", fragte Kommissar Baumgartner.

„Aufgefallen?", sagte Herr Sommer.

„Haben Sie irgendwelche Personen gesehen oder gehört?", fragte Katharina und trank einen Schluck Kaffee.

„Nein", sagte Herr Sommer. „Das heißt, ich habe natürlich ein paar Zoowärter und Putzkräfte gesehen. Ich bin einer der ersten, der hier mit der Arbeit beginnt, und von hier aus sieht man sehr gut, wer kommt und geht." Er zeigte durch das Fenster auf das Eingangstor. „Aber ich habe niemanden gesehen, der hier nicht hingehört, wenn Sie das meinen."

„Wie viele Leute haben ihren eigenen Schlüssel?",

fragte Katharina.

„Wir haben Chipkarten, die uns je nach Bereich und Tätigkeit freigeschaltet werden", sagte Herr Sommer. „Ich zum Beispiel kann nur durch das Haupttor. Die Putzkräfte aber haben Zugang zu sämtlichen Gehegen und Häusern."

„Können Sie sich vorstellen, dass sich jemand ohne Schlüssel Zugang zum Zoo verschafft hat?", fragte Katharina.

„Sie meinen über den Zaun klettern?", fragte Herr Sommer. „Das ist nahezu unmöglich. Wir haben überall Überwachungskameras, Stacheldraht und an vielen Stellen Elektrozaun."

„Das klingt mehr nach Hochsicherheitstrakt als nach Zoo", sagte Baumgartner.

Herr Sommer lachte und sagte: „Ja, es gab in den letzten Jahren viele Vorfälle. Wildschweine haben sich von außen unter dem Zaun durchgebuddelt und Kaninchen gefressen, Jugendliche haben unsere Wasserbüffel mit Graffiti vollgesprüht, Liebespaare haben sich im Terrarium eingeschlossen ... die Liste ist lang."

„Danke für den Kaffee", sagte Baumgartner, stand auf und nahm seinen Mantel. „Gibt es einen Grund, warum Sie vegetarisch sind?"

Herr Sommer lächelte und sagte: „Anordnung von ganz oben. Aber da sprechen Sie am besten mit dem Direktor."

„Und wo finden wir den Zoodirektor?", fragte Katharina.

„Er ist vor ein paar Stunden zu einem Golfturnier aufgebrochen. Ich habe ihn gesehen, wie er den Zoo verlassen hat", sagte Herr Sommer.

„So früh?", fragte Katharina.

Herr Sommer zuckte mit den Achseln. „Unser Zoodirektor lebt gewissermaßen in seinem Büro. Ich nehme an, er ist von hier direkt zum Flughafen aufgebrochen. Er hat gesagt, wenn irgendjemand nach ihm fragt, dass er erst in drei Tagen wiederkommt."

„Kennen Sie den Direktor gut?", fragte Kommissar Baumgartner.

„Eigentlich nicht", sagte Herr Sommer. „Aber in letzter Zeit haben wir oft gesprochen – wegen der Umstellung der Speisekarte."

~

das Affenhaus: monkey house | **das Terrarium**: terrarium | **glimmen**: to glow | **fahl**: pale | **erwidern**: to reply | **das Eingangstor**: entrance | **die Glocke**: bell |

ZUM BÄRENHAUS

klingeln: to ring | **leer**: empty | **das Geschirrgeklapper**: crockery rattle | **die Kundschaft**: customers | **den Mantel ablegen**: to take off the coat | **die Theke**: counter | **die Mordkommission**: homicide department | **der Ausweis**: badge | **möglicherweise**: possibly | **sich am Anfang von etw. befinden**: to be at the beginning of sth. | **die Ermittlungen**: investigations | **das Rührei**: scrambled eggs | **der Speck**: bacon | **der Aufkleber**: sticker | **vegetarisch**: vegetarian | **Nicht zu fassen!**: Unbelievable! | **Was denken die sich dabei?**: What were they thinking? | **erscheinen**: to appear | **dampfend**: steaming | **die Brotlieferung**: bread delivery | **jdm. auffallen**: to catch sb.'s eye | **irgendwelche**: any | **die Putzkräfte**: cleaners | **hingehören**: to belong | **die Chipkarte**: chip card | **je nach**: according to | **der Bereich**: area | **die Tätigkeit**: task | **freischalten**: to unlock | **sämtlich**: all of | **sich Zugang zu etw. verschaffen**: to gain entry into sth. | **über den Zaun klettern**: to climb over the fence | **nahezu**: almost | **die Überwachungskamera**: surveillance camera | **der Stacheldraht**: barbed wire | **der Elektrozaun**: electric fence | **er Hochsicherheitstrakt**: high-security wing | **die Vorfälle**: incidents | **durchbuddeln**: to dig through | **die Wasserbüffel**: water buffalo | **etw. vollsprühen**: to spray onto sth. | **die Liebespaare**: (courting) couples | **sich einschließen**: to lock oneself in | **die Anordnung**: order | **das Golfturnier**: golf tournament | **gewissermaßen**: so to speak | **etw. annehmen**: to assume sth. | **aufbrechen**: to leave | **die Umstellung**: reorganization | **die Speisekarte**: menu

 **Übung**

1. Hat Herr Sommer verdächtige Personen gesehen?

a) nein, er hat nur Putzkräfte und Wärter gesehen

b) ja, eine blonde Frau mit Jeans

c) ja, einen Mann mit Hut und Sonnenbrille

2. Wie viele Personen haben einen Schlüssel für den Zoo?

a) zwei

b) fünf

c) sehr viele

3. Welche Sicherheitsmaßnahmen hat der Zoo?

a) Kameras, Wächter und Stacheldraht

b) Kameras, Elektrozaun und Stacheldraht

c) Alarmanlage, Elektrozaun und Stacheldraht

4. Warum ist das Zoorestaurant vegetarisch?

a) Herr Sommer ist Vegetarier

b) der Zoodirektor hat die Speisekarte geändert

c) Fleisch ist zu teuer

4. Auf dem Revier

Kommissarin Momsen saß hinter ihrem Schreibtisch und schaute konzentriert auf den Bildschirm ihres Computers.

„Hast du noch die Nummer vom Dönermann?", rief Baumgartner von der anderen Seite des Büros.

„Döner?", sagte Katharina. „Zum Frühstück?"

„Ist das meine Schuld, dass es im Zoorestaurant

nichts zu essen gab?", sagte Kommissar Baumgartner. „Hast du gestern die Nachrichten gesehen?", fragte Katharina. „Sie haben zehn Döner in der Umgebung getestet. Sieben von zehn waren voll mit Keimen und in einem Fall wurden sogar Salmonellen gefunden."

Kommissar Baumgartner schüttelte den Kopf und seufzte. Katharina stand auf, ging hinüber zu Haralds Schreibtisch und gab ihm eine Plastikdose. „Hier, probier mal!"

„Was ist das?", fragte Harald.

„Frikadellen", sagte Katharina.

Harald öffnete die Dose, nahm eine Frikadelle heraus und begann zu kauen.

„Grünkernfrikadellen", sagte Katharina.

Harald hielt inne.

„Schmeckt's?", fragte Katharina. „Ist ein neues Rezept aus dem Netz."

Harald nahm eine Serviette vom Tisch und hielt sie vor den Mund. „Mir ist der Appetit für heute vergangen", sagte er.

„Umso besser. Mehr für mich", sagte Katharina, aß eine Frikadelle und ging mit der Dose zurück zu ihrem Schreibtisch.

„Wenn du fertig bist mit deinem Frühstück, kannst

du mir sagen, ob du schon etwas herausgefunden hast über die Popescu?", fragte Harald.

„Mmmh", sagte Katharina mit vollem Mund. „Eine ganze Menge sogar."

„Zum Beispiel?", fragte Harald.

Katharina las von ihrem Bildschirm: „Iuleta Popescu, 1987 geboren in Klausenburg, vorbestraft wegen Ladendiebstahls."

„Klausenburg?", sagte Baumgartner. „Ist das in Bayern?"

Katharina fixierte ihren Kollegen und sagte: „Nein. In Rumänien."

„Und warum hat die Stadt einen deutschen Namen?", fragte Harald.

Katharina tippte auf ihrer Tastatur und sagte: „Der offizielle rumänische Name der Stadt ist *Cluj-Napoca*. Der deutsche Name stammt aus dem 13. Jahrhundert."

„Okay, also ist sie in Rumänien geboren. Und was ist mit der Vorstrafe?", fragte Harald.

„Hier steht nichts Genaues", sagte Katharina. „Aber weißt du, was komisch ist?"

„Ja. Normalerweise gibt es bei Ladendiebstahl eine Anzeige, aber das Verfahren wird gegen Geldbuße eingestellt", sagte Kommissar Baumgartner. „Entweder das war nicht das erste Mal, oder sie hat mehr gestohlen als nur einen Lippenstift. Was hat sie denn hier in Deutschland gemacht?"

„Keine Ahnung", sagte Katharina. „Rumänien ist EU-Mitglied. Wahrscheinlich hat sie Arbeit gesucht."

„Wissen wir etwas über ihren letzten Wohnort?", fragte Baumgartner.

„Hier steht, dass sie in einem Sozialheim gelebt hat. Aber der Eintrag ist zwei Jahre alt", sagte Katharina.

~

der Bildschirm: screen | **der Dönermann**: kebab man | **der Döner**: doner kebap | **Ist das meine Schuld?**: Is that my fault? | **die Umgebung**: surroundings | **die Keime**: germs | **die Salmonellen**: salmonellae | **die Plastikdose**: plastic box | **probieren**: to try | **die Frikadellen**: meatballs | **kauen**: to chew | **die Grünkernfrikadellen**: green spelt balls | **schmecken**: to taste good | **das Rezept**: recipe | **das Netz**: (inter)net | **die Serviette**: napkin | **Umso besser**: all the better | **Mir ist der Appetit vergangen**: I've lost my appetite | **eine ganze Menge**: quite a lot | **vorbestraft**: previously convicted | **der Ladendiebstahl**: shoplifting | **fixieren**: to fix one's gaze on sb. | **stammen**: to date back to | **die Vorstrafe**: previous conviction | **komisch**: strange | **nichts Genaues**: nothing specific | **die Anzeige**: legal proceedings | **das Verfahren einstellen**: to drop charges | **die Geldbuße**: fine | **der Lippenstift**: lipstick | **das EU-Mitglied**: EU member | **der Wohnort**: place of residence | **es steht** | **dass**: it says that | **das Sozialheim**: social home | **der Eintrag**: entry

 **Übung**

1. Was gibt Katharina Harald zu essen?

a) Tofu-Frikadellen

b) Grünkernfrikadellen

c) Kartoffelfrikadellen

2. Wo ist Iuleta Popescu geboren?

a) in Klausenburg, Rumänien

b) in Klausenburg, Bayern

c) in Cluj-Napoca, Ungarn

3. Warum ist Iuleta Popescu vorbestraft?

a) wegen Einbruchs

b) wegen Ladendiebstahls

c) wegen Körperverletzung

4. Welcher Satz ist nicht korrekt?

a) Rumänien ist EU-Mitglied.

b) Rumänien ist Mitglied-EU.

c) Rumänien ist Mitglied der EU.

5. Heimatlos

Das Sozialheim lag am Rande der Stadt. Kommissar Baumgartner und Kommissarin Momsen fuhren eine Weile mit dem Auto, bis sie das Industriegebiet erreicht hatten.

„Dort, neben der Ketchup-Fabrik", sagte Katharina. Kommissar Baumgartner nickte und parkte den Wagen. Das Sozialheim war ein heruntergekommener

Betonblock. Der Putz war an vielen Stellen abgeblättert und Rollladen verdeckten die Fenster.

„Sieht verlassen aus", sagte Katharina. Doch Harald schritt direkt zur Eingangstür und drückte eine Klingel. Nach wenigen Sekunden ertönte der Summer und die Kommissare betraten das Heim.

Das Innere des Gebäudes war in keinem besseren Zustand als das Äußere. Tapeten wellten sich, rostige Fahrräder standen im Flur und die Deckenlampen flimmerten.

Eine junge Frau kam auf die Kommissare zu, streckte Katharina ihre Hand entgegen und sagte: „Reinicke, was kann ich für Sie tun?"

„Momsen, Kripo", sagte Katharina und schüttelte die Hand der Sozialarbeiterin.

Kommissar Baumgartner zeigte ihr ein Foto und fragte: „Kennen Sie diese Frau?"

Die Sozialarbeiterin schaute eine Weile auf das Bild und sagte: „Ist sie ...?"

Katharina nickte. Frau Reinicke seufzte und sagte: „Iuleta war anders als die anderen. Sie kam vor fünf Jahren nach Deutschland mit einem Diplom für Maschinenbau und dem Traum vom großen Geld."

„Was ist passiert?", fragte Kommissarin Momsen.

„Man hat ihr Versprechungen gemacht. Sie hat den falschen Leuten vertraut. Eines Tages erschien sie hier im Heim, mit einem blauen Auge und ohne einen Cent in der Tasche", sagte Frau Reinicke.

Ein junger Mann in Jogginghosen lief den Flur hinunter. Frau Reinicke rief: „Rasvan! Kannst du mal kommen?"

Zu den Kommissaren sagte sie: „Rasvan und Iuleta waren gut befreundet."

Der Mann näherte sich vorsichtig und warf einen Blick auf das Foto, als die Sozialarbeiterin sagte: „Die Polizei will wissen, ob ..."

Bei dem Wort „Polizei" schreckte Rasvan auf, drehte sich um, und rannte in die andere Richtung. „Halt!", rief Kommissar Baumgartner und folgte ihm. Während er rannte, öffneten sich links und rechts Türen im Flur und die Bewohner des Sozialheims verfolgten das Geschehen mit ausdruckslosen Gesichtern.

Am Ende des Flurs verschwand Rasvan im Treppenhaus. „Stopp!", brüllte Harald und lief die Stufen hinauf, so schnell er konnte. Nach den ersten zwei Stockwerken begann er schwer zu atmen. Über ihm hörte er die Schritte des Fliehenden. Er raffte sich auf und rannte weiter. Als er den dritten und letzten Stock erreicht hatte, sah Kommissar Baumgartner den Flüchtigen am Ende des Flurs und rief: „Bleiben Sie stehen! Wir wollen nur mit Ihnen reden!"

Rasvan öffnete eine Tür und verschwand in einem Zimmer. Kommissar Baumgartner folgte ihm, doch als er das winzige Zimmer erreichte, welches nicht mehr als sieben Quadratmeter maß, war Rasvan verschwunden. Harald schaute schnell unter das Bett und in den Schrank, als er sah, dass das Fenster offen stand.

Er blickte aus dem Fenster nach unten und entdeckte Rasvan. Er hatte sich an die Regenrinne geklammert und war dabei hinunterzuklettern.

„Rasvan!", rief Baumgartner. „Kommen Sie zurück! Das ist es nicht wert!"

An einigen Stellen war die Regenrinne vom Rost zerfressen. Hier und da fehlten die Halterungen. Aber Rasvan kletterte weiter und hatte bald das zweite Stockwerk erreicht.

Als er nur noch wenige Meter vom Boden entfernt war, schaute Rasvan nach oben und grinste. Er rief: „Leck mich!" und ließ sich fallen. Seine Knie hielten dem Aufprall nicht stand und er verlor das Gleichgewicht, doch er erhob sich schnell wieder und drehte sich um. Vor ihm stand Kommissarin Momsen und legte ihm Handschellen an.

„Na also, geht doch", sagte sie.

~

der Rand: edge | **das Industriegebiet**: industrial area | **die Fabrik**: factory | **heruntergekommen**: run-down | **der Putz**: roughcast | **abgeblättert**: flaked off | **der Rollladen**: shutters | **verlassen**: deserted | **die Klingel**: doorbell | **der Summer**: buzzer | **das Innere**: the inside | **das Äußere**: the outside | **die Tapete**: wallpaper | **sich wellen**: to curl | **rostig**: rusty | **der Flur**: corridor | **die Deckenlampe**: ceiling light | **flimmern**: to flicker | **jdm. die Hand entgegenstrecken**: to stretch out one's hand to sb. | **die Sozialarbeiterin**: social worker [f.] | **der Maschinenbau**: mechanical engineering | **die Versprechung**: promise | **jdm. vertrauen**: to trust sb. | **das blaue Auge**: black eye | **die Jogginghose**: sweatpants | **sich jdm. nähern**: to approach sb. | **einen Blick auf etw. werfen**: to take a look at sth. | **aufschrecken**: to start up | **der Bewohner**: inhabitant | **ein Geschehen verfolgen**: to follow an event | **ausdruckslos**: inexpressive | **brüllen**: to shout | **schwer atmen**: to breathe heavily | **der Fliehende/Flüchtige**: the fleeing (person) | **sich aufraffen**: to pull oneself up | **der Quadratmeter**: square meter | **messen**: to measure | **die Regenrinne**: drainpipe | **sich an etw. klammern**: to cling to sth. | **dabei sein etw. zu tun**: to be in the act of doing sth. | **Das ist es nicht wert!**: It's not worth it! | **zerfressen**: corroded | **die Halterungen**: brackets | **Leck mich!**: Bite me! | **der Aufprall**: impact | **standhalten**: to withstand | **sich erheben**: to get up | **das Gleichgewicht verlieren**: to lose one's balance | **die Handschellen**: handcuffs | **Geht doch!**: There we go!

Übung

1. Wo sind die Kommissare?

a) in einem Sozialheim

b) in einem Flüchtlingsheim

c) in einem Altersheim

2. Wer ist Frau Reinicke?

a) sie ist Soziologin

b) sie ist Sozialarbeiterin

c) sie ist Sozialistin

3. Was hat Iuleta Popescu gelernt?

a) sie ist Elektroingenieurin

b) sie ist Maschinenbauingenieurin

c) sie ist Mechatronik-Ingenieurin

4. Welcher Satz ist nicht korrekt?

a) Er schaute unter dem Bett.

b) Er schaute unter das Bett.

c) Er schaute unter den Bett.

6. Das Verhör

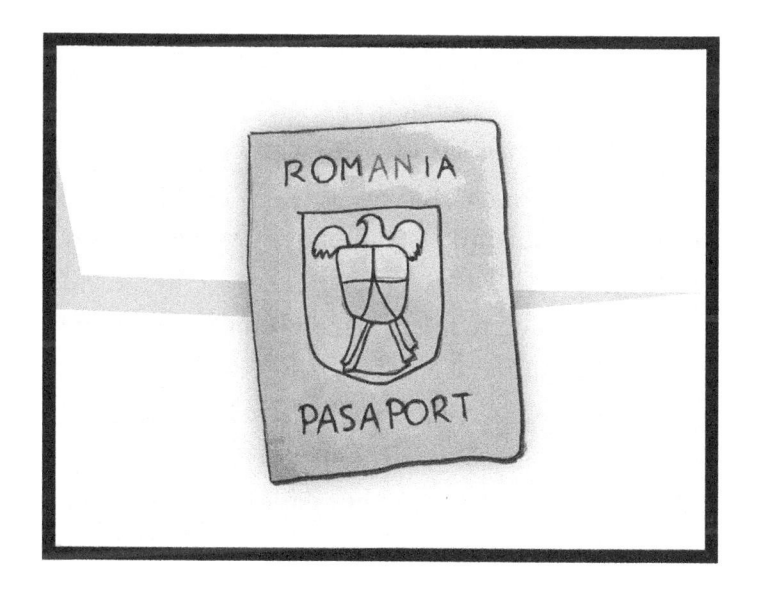

„ Kaffee?", fragte Katharina und gab Harald eine Tasse, bevor er den Raum betrat.

Rasvan saß auf einem Stuhl und hatte den Kopf nach hinten gelehnt. Seine Augen waren geschlossen. Kommissar Baumgartner klatschte laut in die Hände. Rasvan schreckte auf, rieb sich die Augen und blinzelte.

„Ich weiß nichts", sagte er. „Glauben Sie mir!"

„Was wissen Sie nicht?", fragte Katharina.

Er zögerte. „Über Iuleta", sagte er.

„Und warum sind Sie dann geflohen?", fragte Baumgartner.

Rasvan schwieg. „Ist es vielleicht wegen Ihrem Visum?", fragte Katharina. Sie hielt einen Pass in der Hand. „Ihre Aufenthaltserlaubnis ist vor fünf Monaten abgelaufen."

Rasvan schlug mit der flachen Hand auf den Tisch und fluchte auf Rumänisch.

„Ich dachte, Rumänien ist Teil der EU?", sagte Harald hinter vorgehaltener Hand.

„Ja", sagte Katharina. „Aber die Aufenthaltserlaubnis ist an eine Arbeitsstelle gekoppelt. Wer keine Arbeit nachweisen kann, darf nicht länger als 90 Tage bleiben."

„Was wissen Sie über Iuleta Popescu?", fragte Baumgartner den Häftling. Rasvan schwieg.

„Hören Sie", sagte Katharina. „Im Moment wissen nur Sie, mein Kollege und ich von Ihrem Problem. Entweder Sie helfen uns, oder ich rufe meine Kollegen vom Einwanderungsamt an."

Rasvan schwieg.

„Gut", sagte Katharina, zog ihr Handy aus der Tasche, wählte eine Nummer und wartete.

„Stopp!", sagte Rasvan.

Katharina klappte ihr Handy zu und sagte: „Entschuldigung. Haben Sie etwas gesagt?"

Rasvan seufzte. „Ich kenne Iuleta von Rumänien. Wir sind zusammen in Deutschkurs gegangen", sagte er.

„Und Sie haben im selben Heim gewohnt", sagte Harald.

„Iuleta und ich, wir waren wie ein Team", sagte Rasvan. „Aber die Türken haben alles kaputtgemacht!"

„Türken?", fragte Kommissarin Momsen.

„Vom Callshop. Sie haben gesagt, sie geben uns Arbeit, für 500 Euro. Und ich habe für sie gearbeitet, Maler, Klempner und Fliesenleger. Aber das Geld war schlecht."

„Und Iuleta?", fragte Baumgartner.

„Sie hat gearbeitet in so einem Club", sagte Rasvan. „*Glitter Girls* oder so."

„Hatte Iuleta irgendwelche Feinde?", fragte Katharina.

„Ich weiß nicht", sagte Rasvan.

„Was hat Iuleta mitten in der Nacht im Zoo gemacht?", fragte Baumgartner.

Rasvan zuckte mit den Achseln. „Ich weiß nicht. Ich habe nicht viel mit sie geredet in letzter Zeit. Sie war komisch", sagte Rasvan.

„Komisch?", fragte Katharina.

„Sie hatte neues Handy", sagte Rasvan. „Immer hat sie SMS geschickt."

„Wissen Sie, an wen Iuleta Nachrichten gesendet haben könnte?", fragte Baumgartner.

„Vielleicht an Familie, vielleicht an Männer aus Club", sagte Rasvan. „Ich weiß nicht."

„Hatte Iuleta außer Ihnen noch Kontakt zu anderen Personen im Sozialheim?", fragte Katharina.

„Nein", sagte Rasvan. „Sie ist ... war Einzelgänger, wie ich."

Kommissar Baumgartner gab seiner Kollegin ein Zeichen und die beiden verließen das Zimmer. Katharina schloss die Tür hinter sich und Harald sagte: „Eine Ingenieurin im Stripclub? Glaubst du, der erzählt die Wahrheit?"

„Möglich", sagte Katharina. „Viele Rumänen und Bulgaren melden in Deutschland Gewerbe an – nur zum Schein, damit sie bleiben dürfen. In Wahrheit aber arbeiten sie für einen Billiglohn ohne Sicherheit."

„Warum hat Iuleta sich nicht um einen vernünftigen Job beworben?", sagte Baumgartner. „Mit einem Maschinenbaudiplom hätte sie doch gute Chancen gehabt."

„Theoretisch, ja", sagte Katharina, als Grabowski den Flur entlanggelaufen kam.

„Ah, meine lieben Kollegen, da sind Sie ja", sagte er. „Ich habe Sie überall gesucht, erfolglos bisher, aber wie der Volksmund sagt: Wer suchet, der fin..."

„Was wollen Sie?", fragte Baumgartner.

„Die Laborergebnisse", sagte Grabowski und wedelte mit einer Mappe in der Luft. „Die junge Dame hat sich höchstwahrscheinlich die Wunde zugezogen, als sie in das Gehege gestürzt ist. Aber ich habe einen seltsamen Abdruck an ihrem Hinterkopf und Spuren von Holz und Eisen gefunden."

„Diese Form kommt mir irgendwie bekannt vor", sagte Katharina. „Zeigen Sie mal!"

Grabowski gab Katharina ein Schwarz-Weiß-Foto, auf dem ein faustgroßer ovaler Abdruck mit ein paar parallelen Linien in der Mitte zu sehen war.

„Könnte das von der Tatwaffe stammen?", fragte

Baumgartner.

„Möglich", sagte Grabowski. „Ich habe die Eisen- und Holzsplitter in der Wunde mit anderen Holz- und Eisengegenständen im Gehege verglichen. Keine Übereinstimmung."

„Haben Sie sich das Telefon angeschaut?", fragte Baumgartner.

„Tabula rasa", sagte Grabowski. „Das Gerät ist entweder kaputt oder es ist so konfiguriert, dass es keine ein- und ausgehenden Anrufe speichert. Das Adressbuch war ebenfalls leer."

„Und was ist mit den Kratzern an den Armen?", fragte Katharina.

„Wie soll ich sagen – Sie lagen falsch mit Ihrer Vermutung auf Selbstverletzung. Die Kratzer stammen weder von den Fingernägeln des Opfers noch von irgendjemand anders. Ich habe die Wunden analysiert und die Abstände zwischen den Kratzern vermessen. Alles deutet darauf hin, dass sie nicht von einem Menschen stammen. Es ist also nicht völlig auszuschließen, dass hier die Pandabären ihre Fin... – verzeihen Sie – *Pranken* im Spiel hatten."

~

lehnen: to lean | **klatschen**: to clap | **sich die Augen reiben**: to rub one's eyes | **blinzeln**: to blink | **zögern**: to hesitate | **schweigen**: to be silent | **die Aufenthaltserlaubnis**: residence permit | **fluchen**: to curse | **hinter vorgehaltener Hand.**: on the quiet | **die Arbeitsstelle**: job | **gekoppelt**: linked | **nachweisen**: to verify | **das Einwanderungsamt**: immigration office | **die Türken**: Turks | **der Maler**: painter | **der Klempner**: plumber | **der Fliesenleger**: floor tiler | **die Feinde**: enemies | **die Nachrichten**: messages | **der Einzelgänger**: lone wolf | **jdm. ein Zeichen geben**: give sb. a sign | **die Tür hinter sich schließen**: to close the door behind oneself | **ein Gewerbe anmelden**: to register a business | **nur zum Schein**: for the sake of appearance | **der Billiglohn**: low-wage | **vernünftig**: decent | **sich um etw. bewerben**: to apply for sth. | **erfolglos**: unsuccessful | **wie der Volksmund sagt**: as the saying goes | **das Laborergebnis**: laboratory result | **die Mappe**: folder | **höchstwahrscheinlich**: most likely | **sich eine Wunde zuziehen**: to come by an injury | **seltsam**: strange | **der Abdruck**: imprint | **die Spuren**: traces | **faustgroß**: fist-sized | **die Tatwaffe**: murder weapon | **die Übereinstimmung**: match | **Tabula rasa**: tabula rasa (clean slate) | **konfiguriert**: configured | **ein- und ausgehende Anrufe**: incoming and outgoing calls | **das Adressbuch**: address book | **mit etw. falsch liegen**: to be mistaken (about sb./sth.) | **die Vermutung**: presumption | **die Abstände**: distances | **Es ist nicht auszuschließen | dass ...**: One cannot rule out the possibility that ... | **die Pranken**: paws | **seine Finger im Spiel haben**: to have a finger in the pie

Übung

1. Wer ist Rasvan?

a) er war ein Kollege von Iuleta

b) er war mit Iuleta befreundet

c) er war mit Iuleta verwandt

2. Warum ist Rasvan geflohen?

a) er hat eine Bank ausgeraubt

b) er hat Iuleta ermordet

c) sein Visum ist abgelaufen

3. Wo hat Iuleta Popescu angeblich gearbeitet?

a) in einem Solarium

b) in einem Stripclub

c) in einem Golfclub

4. Wer hat Iuleta und Rasvan Arbeit gegeben?

a) ein türkischer Mann in einem Callshop

b) ein türkischer Mann in einem Callcenter

c) ein rumänischer Mann in einem Callshop

5. Was hat Grabowski in der Kopfwunde gefunden?

a) Holz- und Eisensplitter

b) eine Pistolenkugel

c) Gift

6. Die Kratzer stammen vermutlich ...

a) von einer unbekannten Person

b) nicht von einem Menschen

c) von Iuleta selbst

7. Wie heißt der Satz richtig?

a) Ich habe nicht viel mit ihr geredet.

b) Ich habe nicht viel mit Sie geredet.

c) Ich habe nicht viel mit ihn geredet.

7. Falsche Spuren

„Ich verstehe das alles nicht", sagte Katharina. „Warum arbeitet eine Frau mit Hochschulabschluss in einem Stripclub? Und was macht sie mitten in der Nacht im Zoo?"

Kommissar Baumgartner schnallte sich an und sagte: „Was hältst du von Rasvan?"

Katharina startete den Wagen und verließ den

Parkplatz der Polizeiwache. „In Rumänien waren sie befreundet, das glaube ich. Aber hier? Ich glaube, Rasvan hatte keinen blassen Schimmer, womit Iuleta ihre Zeit verbracht hat."

„Wie meinst du?", fragte Harald.

„Keine Ahnung. Ich weiß nur, dass wir uns den Stripclub und den Callshop mal genauer ansehen sollten", sagte Katharina. „Teilen wir uns auf?"

Harald nickte und zog eine Münze aus seiner Tasche. „Kopf oder Zahl?", sagte er.

Katharina überholte einen Lastwagen und sagte: „Kopf."

Kommissar Baumgartner warf die Münze. „Zahl", sagte er. „Du gehst zum Stripclub, ich zum Callshop. Lass mich da vorne an der Ecke raus!"

Kommissar Baumgartner lief ein paar Meter über den Bürgersteig und betrat einen Laden mit der Aufschrift *Call-4-U*.

Der kleine Laden war vollgestellt mit Computertischen, Telefonkabinen, Kühlschränken und Getränkekisten. An einer Wand hing eine Liste mit den Tarifen für Auslandsgespräche. Hinter der Kasse, zwischen Schokoriegeln und Zigarettenschachteln saß ein Mann mit scharfkantig rasierten Koteletten und schaute auf sein Handy.

Kommissar Baumgartner legte das Foto von Iuleta auf die Tischplatte und sagte: „Kennen Sie diese Frau?"

Der Mann blickte von seinem Handy auf, schaute auf das Foto und zuckte mit den Achseln. Dann wandte er sich wieder seinem Handy zu.

„Sie können auch mit aufs Revier kommen", sagte Baumgartner.

Der Mann verschränkte die Arme und sagte: „Ich kenne meine Rechte."

„Und was ist mit den Einwanderern aus Osteuropa, die Sie hier wie Sklaven behandeln? Was ist mit deren Rechten?", fragte Baumgartner.

Der Mann sagte kühl: „Wir machen bessere Arbeit als das Arbeitsamt. Wir helfen Menschen, die Hilfe brauchen. Das ist alles."

„Hören Sie, ich kann Ihnen entweder das Gewerbeamt auf den Hals hetzen und Ihren Laden ordentlich auf den Kopf stellen, oder Sie ersparen sich und mir eine Menge Ärger und sagen mir einfach, was Sie über diese Frau wissen", sagte Kommissar Baumgartner.

Der Mann seufzte und nahm das Foto. „Die war oft

hier", sagte er. „Hat Geld nach Rumänien geschickt und telefoniert."

„Haben Sie dieser Frau eine Arbeitsstelle vermittelt?", fragte Kommissar Baumgartner.

„Kellnerin", antwortete der Mann.

„In einem Stripclub?", sagte Baumgartner.

„Was? Keine Ahnung", sagte der Mann. „Nein!"

„Also gut, an wen haben Sie Iuleta Popescu vermittelt?", fragte Kommissar Baumgartner.

„Catering. Die brauchten eine Aushilfe – schnell und für wenig Geld", sagte der Mann.

„Name, Adresse?", sagte Baumgartner.

Der Mann zögerte und sagte dann: „Catering Hansen, hier um die Ecke. Aber Sie wissen es nicht von mir!"

„Das werden wir sehen", sagte Kommissar Baumgartner. „Ah, und noch etwas, kennen Sie eine Person namens Rasvan?"

„Pah!", sagte der Mann. „Wenn ich den in die Finger kriege! Ich hab' ihm Arbeit verschafft in einer Fischfabrik. Der Vollpfosten hat sich die Hände in einer Maschine eingeklemmt. Dann kam er zu mir und wollte Geld für den Arzt."

„Und?", fragte Harald.

„Ich hab ihm gesagt, das ist nicht mein Problem. Da ist er ausgeflippt und hat mir die Fensterscheibe eingetreten. Reparatur hat 3000 Euro gekostet."

„2500", sagte Baumgartner. „500 hat er Ihnen bereits gezahlt."

~

der Hochschulabschluss: university degree | **von jdm. etw. halten:** to make sth. of sb. | **die Polizeiwache:** police station | **keinen blassen Schimmer haben:** have no clue | **seine Zeit mit etw. verbringen:** to spend time with sth. | **sich aufteilen:** to split (up) | **Kopf oder Zahl?:** Heads or tails? | **jdn. überholen:** to overtake sb. | **der Bürgersteig:** pavement | **der Tarif:** rate | **das Auslandsgespräch:** international call | **der Schokoriegel:** chocolate bar | **scharfkantig:** sharp-edged | **die Koteletten:** sideburns | **kommentarlos:** without comment | **das Revier:** police station | **die Arme verschränken:** to cross one's arms | **seine Rechte kennen:** to know one's rights | **der Sklave:** slave | **das Arbeitsamt:** employment office | **das Gewerbeamt:** trade office | **jdm. etw. auf den Hals hetzen:** to put sb. onto sb. | **etw. auf den Kopf stellen:** to turn sth. on its head | **sich eine Menge Ärger ersparen:** to save oneself a lot of trouble | **die Kellnerin:** waitress | **Keine Ahnung:** No idea | **jdn. an eine Firma vermitteln:** to place sb. with a firm | **die Aushilfe:** temporary help | **Das werden wir sehen:** We'll see about that | **Wenn ich den in die Finger kriege:** If I get my hands on him | **jdm. Arbeit verschaffen:** to get sb. a job | **der Vollpfosten:** idiot | **ausflippen:** to freak out | **etw. eintreten:** to kick sth. in

Übung

1. Warum hat der Mann Angst vor der Gewerbeaufsicht?

a) er vermittelt illegal osteuropäische Arbeiter

b) er hat keine Miete für seinen Callshop gezahlt

c) er vermittelt illegal Prostituierte an Stripclubs

2. Welche Arbeitsstelle wurde Iuleta vermittelt?

a) Kellnerin für ein Café

b) Kellnerin für eine Catering-Firma

c) Kellnerin für ein Restaurant

3. Wo hat Rasvan gearbeitet?

a) in einer Ketchup-Fabrik

b) in einer Fleischfabrik

c) in einer Fischfabrik

4. Warum hat Rasvan eine Fensterscheibe eingetreten?

a) er wollte Geld für den Arzt

b) er wollte Geld für Drogen

c) er wollte Geld für Iuleta

8. Fleischeslust

K ommissar Baumgartner lief auf dem Bürgersteig in Richtung Polizeirevier, als sein Handy klingelte.

„Ja?", sagte er.

Es war Herr Rommelmeyer, der Staatsanwalt. Er sagte: „Ich habe erfahren, dass Sie eine Person namens Rasvan Rasul in Untersuchungshaft gesteckt haben, und das ohne jegliche Indizien!"

„Er ist geflohen", sagte Baumgartner. „Das sollte Indiz genug sein."

„Das Sozialamt steigt mir aufs Dach. Eine gewisse Frau Reinicke terrorisiert mein Büro mit Anrufen. Kennen Sie diese Person?", fragte der Staatsanwalt.

„Äh ... nein, wieso?", entgegnete Baumgartner.

Rommelmeyer ignorierte die Frage und sagte: „Und darf ich fragen, warum Sie in einem Fall ermitteln, in dem es sich eindeutig um einen Unfall handelt?"

Baumgartner schwieg. „Ich habe den Befund der Gerichtsmedizin gelesen. Es ist zweifellos", sagte der Staatsanwalt.

„Aber es gibt Hinweise auf kriminelle Aktivität im Umfeld des Opfers", sagte Baumgartner.

„Kriminelle Aktivität? Hören Sie, ich gebe Ihnen fünf Tage diesen Fall zu lösen. Wir brauchen Sie für wichtigere Dinge. Leiten Sie das auch an Ihre Kollegin weiter!"

„Ja, Herr Staatsanwalt", sagte Baumgartner und legte auf.

Kommissar Baumgartner fluchte und trat eine Cola-Dose. Die Aluminiumdose flog über den Asphalt und verfehlte nur haarscharf eine Frau mit Kinderwagen.

„Ent...schuldigung", sagte Baumgartner, als die Frau sich umdrehte und ihm einen verächtlichen Blick entgegenwarf.

Er lief weiter, in Gedanken versunken. Hatte der Staatsanwalt Recht und es war alles vergeudete Zeit und Mühe? War es wirklich nur ein Unfall?

Ein Hupen schreckte Kommissar Baumgartner aus seinen Gedanken auf. Er schaute sich um und sah Katharina in ihrem Wagen. Sie winkte ihn herüber.

„Und?", fragte Katharina, als er sich anschnallte.

„Die Sache mit dem Stripclub war nur heiße Luft", sagte Baumgartner.

„Ach wirklich?", sagte Katharina. „Und was ist das?" Sie gab ihm einen Flyer mit der Aufschrift *Fleisch ist Mord* in blutroten Lettern.

„Was soll das?", fragte Harald.

„Ich habe mit den Mädchen im Stripclub gesprochen. Du hast Recht, Iuleta Popescu hat nicht FÜR den Club gearbeitet, sie hat aber einmal *im* Club gearbeitet", sagte Katharina.

„Im Auftrag einer Firma namens Catering Hansen", sagte Harald.

Katharina nickte. „Es war eine Party für irgendein hohes Tier lokaler Politik", sagte sie. „Die Mädchen wussten nichts Genaues."

„Und?", sagte Harald. „Was hat das eine mit dem anderen zu tun?"

„Ich weiß es nicht. Aber Iuleta wurde dabei gesehen, wie sie einem Mann schöne Augen gemacht hat", sagte Katharina. „Angeblich hat er sie später nach Hause gefahren."

„Interessant", sagte Baumgartner. „Was wissen wir über den Kerl?"

Katharina zuckte mit den Achseln. „Er war relativ klein, breit gebaut und trug einen Anzug. Auch interessant ist aber, dass eins der Mädchen in der Umkleide mit Iuleta geredet hat", sagte Katharina. „Smalltalk über Wetter, Arbeit und Essen. Und da hat sich herausgestellt, dass Iuleta Popescu Veganerin ist. Die Bardame selbst war frisch bekehrte Vegetarierin. Und sie hat ihr von diesem Verein erzählt, wo sie jede Woche hinging."

„Also ich weiß nicht, veganische Bardamen?", sagte Baumgartner.

„Ja, anscheinend hängen Fleischeslust und die Lust auf Fleisch irgendwie zusammen", sagte Katharina.

„Sehr witzig", sagte Kommissar Baumgartner und studierte den Flyer. „TMG – Tiermordgegner e.V.", las er. Auf der Rückseite stand: „Wusstest du, dass Hühner so intelligent sind wie Affen? Wusstest du, dass Fische Schmerz empfinden, obwohl sie nicht schreien? Wusstest du, dass die Nutztierindustrie 70% des Weltgetreideanbaus verschlingt und mehr Schmutz produziert als alle Autos der Welt? Komm zu einem TMG-Meeting und lass dir die Augen öffnen! (gratis Eintritt und Getränke)„

Kommissar Baumgartner runzelte die Stirn. „Klingt ein bisschen radikal, oder?"

„Naja, die Fakten stimmen", sagte Katharina. „Ich spiele auch schon seit längerem mit dem Gedanken meinen Fleischkonsum zu reduzieren."

„Sag jetzt nicht, du willst zu so einem Treffen gehen?", sagte Baumgartner und tippte mit dem Zeigefinger auf den Flyer. „Hast du etwa eine bessere Idee?", fragte Katharina.

~

der Staatsanwalt: prosecutor | **jdn. in Untersuchungshaft stecken**: to put sb. in custody | **die Indizien**: evidence | **jdm. aufs Dach steigen**: to tell sb. off | **entgegnen**: to reply | **der Befund**: findings | **die Gerichtsmedizin**: forensic medicine | **zweifellos**: undoubtedly | **das Umfeld**: environment | **etw. an jdn.**

weiterleiten: to pass sth. through to sb. | **auflegen**: to hang up | **verfehlen**: to miss | **verächtlicher Blick**: contemptuous glance | **in Gedanken versunken**: lost in thought | **vergeudete Zeit und Mühe**: wasted time and effort | **das Hupen**: honking | **jdn. herüberwinken**: to beckon sb. over | **sich anschnallen**: to fasten one's seat belt | **heiße Luft**: hot air | **im Auftrag**: on behalf of | **das hohe Tier**: bigwig | **jdn. schöne Augen machen**: to make moon-eyes at sb. | **angeblich**: supposedly | **breit gebaut**: sturdily built | **der Kerl**: guy | **die Umkleide**: dressing room | **bekehrt**: proselytized | **der Verein**: organization | **die Bardame**: barmaid/hostess | **die Fleischeslust**: carnal desire | **die Lust auf Fleisch**: the appetite for meat | **e.V. (eingetragener Verein)**: registered association | **Schmerz empfinden**: to feel pain | **die Nutztierindustrie**: livestock industry | **der Weltgetreideanbau**: world cereal production | **etw. verschlingen**: to devour sth. | **der Schmutz**: dirt | **die Getränke**: drinks | **die Stirn runzeln**: to frown | **die Fakten stimmen**: the facts are true | **mit dem Gedanken spielen etw. zu tun**: to entertain the idea of doing sth. | **der Fleischkonsum**: meat consumption | **reduzieren: to reduce,tippen**: to tap | **der Zeigefinger**: index finger

Übung

1. Warum will der Staatsanwalt den Fall abschließen?

a) er glaubt, es handelt sich um einen Unfall

b) die Polizei hat Finanzierungsprobleme

c) die Kommissare müssen zu einer Konferenz gehen

2. Was hat Iuleta Popescu im Stripclub gemacht?

a) sie hat als Stripperin gearbeitet

b) sie hat für eine Catering-Firma gearbeitet

c) sie hat als Bardame gearbeitet

3. Was hat Katharina im Gespräch erfahren?

a) Iuleta hat im Stripclub mit einem Mann geflirtet

b) Iuleta hatte Probleme mit dem Chef des Stripclubs

c) ein Gast hat sich über Iuleta beschwert

4. Welche Information ist korrekt?

a) Iuleta Popescu war Veganerin

b) Iuleta Popescu war Vegetarierin

c) Iuleta Popescu war „Fleischfresserin„

9. Vegetarismus für Anfänger

Die Zentrale des TMG-Vereins befand sich in einem heruntergekommenen vierstöckigen Mietshaus. An der Außenfassade bröckelte der Putz, und die Eingangstür war mit Graffiti vollgesprüht.

„Ist offen", sagte Katharina und ging durch die Haustür. Das hölzerne Treppenhaus knarzte mit jedem Schritt, als die beiden Kommissare in den zweiten Stock stiegen.

Kommissar Baumgartner drückte eine Klingel mit der Aufschrift TMG und nach wenigen Sekunden öffnete sich die Wohnungstür. Eine Frau mittleren Alters mit wildem rotem Haar und einer kleinen grünen Brille sagte: „Ja, bitte?"

„Ich ... wir", begann Katharina. „Mein Mann und ich, wir wollen vegetarisch leben – aber wir haben viele Fragen."

Die Frau lächelte und sagte: „Na dann, hereinspaziert!"

Kommissar Baumgartner und Kommissarin Momsen betraten die kleine Altbauwohnung. An den Wänden hingen Poster und Listen mit Unterschriften. Auf einem Transparent stand: „Das Fleisch ist billig, doch der Geist ist wahr!"

„Mein Name ist Marie", sagte die Frau. „Wollt ihr etwas trinken? Roibuschtee oder Kürbis Kaffee?"

„Nein danke", sagte Harald. „Ein Wasser bitte", sagte Katharina.

Im Wohnzimmer lagen bunte Kissen auf dem Dielenboden. An einer Seite stand ein Whiteboard und eine Leinwand. In einer Ecke fand Kommissar Baumgartner eine Umzugskiste mit Werkzeug: Beißzangen, Schraubenzieher und Sprühdosen.

„Psst", zischte Katharina und Harald wandte sich von der Kiste ab, als Marie mit einem Glas Wasser zurück ins Wohnzimmer kam.

„Sind wir die einzigen heute?", fragte Kommissar Baumgartner.

„Sonja und Irina kommen eigentlich jede Woche", sagte Marie und schaute auf ihre Armbanduhr.

„Danke", sagte Katharina und nahm das Wasser entgegen. „Ich bin übrigens Katharina." „Harald", sagte Harald.

„Und was machst du beruflich?", fragte Marie, als es an der Tür klingelte.

„Schwein gehabt", sagte Harald, während Marie die Tür öffnete und zwei Frauen in die Wohnung ließ. Irina war eine hagere Frau mit blassem Gesicht und wasserstoffblondem kurzem Haar. Sonja war robust gebaut, trug schulterlange schwarze Zöpfe und Tätowierungen auf den Oberarmen. Nachdem sich alle begrüßt und vorgestellt hatten, sagte Marie: „Bitte, setzt euch!"

Sonja und Irina nahmen auf den Sitzkissen in der Mitte des Wohnzimmers Platz, Baumgartner und

Momsen folgten ihnen.

„Guten Abend liebe Tierfreunde", begann Marie. „Bevor wir beginnen, möchte ich noch einmal ganz herzlich unsere Neuankömmlinge willkommen heißen."

Irina, Sonja und Marie klatschten.

„Es ist immer schön, wenn neue Leute ihren Weg zu einem mordfreien Leben finden", sagte Marie. Kommissar Baumgartner verdrehte die Augen. „Wir haben heute ein paar Punkte auf der Tagesordnung, aber vielleicht beginnen wir mit einer kleinen Vorstellungsrunde?"

Als niemand antwortete, sagte sie: „Gut, los geht's! Mein Name ist Marie und ich träume von einer Welt, in der Mensch und Tier zusammen leben, ohne Ausbeutung und ohne Grausamkeiten. Wer will weitermachen?"

„Ich bin Sonja und würde am liebsten die Fleischabteilung jedes Supermarkts niederbrennen!", sagte Sonja.

„Ich bin Irina und bin Veganerin", sagte Irina.

„So, und nun zu unseren Neuen", sagte Marie.

„Okay", sagte Katharina. „Ich bin Katharina und finde, man muss nicht jeden Tag Fleisch essen?" Marie runzelte die Stirn, setzte ein Lächeln auf und zeigte auf Harald. „Und du?"

„Äh, ja. Ich bin ... ähm, eigentlich" – Katharina warf ihm einen drohenden Blick zu – „eigentlich bin ich nur hier wegen meiner ... Frau", sagte Harald.

„Wunderbar", sagte Marie. „Ein Leben ohne Tierprodukte ist nicht einfach. Unsere Gesellschaft ist so süchtig nach Fleisch, Leder, Milch und Eiern – es ist wie mit dem Zigarettenrauchen. Wenn man gemeinsam aufhört, ist es leichter!"

Die nächsten fünfundvierzig Minuten hielt Marie einen schwelenden Monolog über Tiertransporte, die Abrodung des Regenwaldes, Welthunger, Sojabohnen, Fleischersatz und die „Irrlehre" von Bio und Freilandhaltung.

„Und genau deshalb sagen wir Fleischessern und Tierquälern den Kampf an!", rief sie am Ende. Baumgartner gähnte. Irina und Sonja applaudierten.

„Bevor wir heute unser Treffen beenden, möchte ich noch ein paar Gedenkworte sprechen", sagte Marie. „Wie ihr wisst, ist eine unseren treuen Mitgliederinnen während einer jüngsten Aktion tödlich verunglückt. Sie hat nicht nur ihr Leben für die große Sache gegeben, jetzt hat sie ihr sogar im Sterben gedient. Solch eine Hingabe ist ein Beispiel für uns alle, dass wir noch viel mehr tun müssen. Lang lebe Iuleta Popescu!"

Irina und Sonja klatschten. Kommissarin Katharina Momsen schoss von ihrem Sitzkissen auf und rief: „Polizei!"

Das Klatschen verstummte.

Kommissar Baumgartner stellte sich in den Hausflur und sagte: „Niemand verlässt diesen Raum!"

~

vierstöckig: four stories high | **das Mietshaus**: tenement | **die Außenfassade**: exterior facade | **bröckeln**: to crumble | **hölzern**: wooden | **knarzen**: to creak | **Hereinspaziert!**: Come on in! | **die Altbauwohnung**: flat in an old building | **die Unterschrift**: signature | **das Transparent**: banner | **Das Fleisch ist billig, doch der Geist ist wahr.***: The flesh is cheap but the spirit is true. | **der Roibuschtee**: rooibos tea | **der Kürbis-Kaffee**: pumpkin spice coffee | **der Dielenboden**: floorboards | **die Leinwand**: screen | **die Umzugskiste**: removal boxes | **das Werkzeug**: tools | **die Beißzange**: pliers | **der Schraubenzieher**: screwdriver | **die Sprühdosen**: aerosol can | **beruflich**: job-wise | **(Wir haben) Schwein gehabt.**: (We were) dead lucky. | **wasserstoffblond**: peroxide blonde | **robust gebaut**: sturdily built | **die Zöpfe**: braids | **die Tätowierung**: tattoo | **die Oberarme**: upper arms | **das Sitzkissen**: cushions | **die Neuankömmlinge**: newcomers | **die Augen verdrehen**: to roll one's eyes | **die Vorstellungsrunde**: introductions | **Los geht's!**: Here we go! | **die Ausbeutung**: exploitation | **die Grausamkeiten**: atrocities | **die Fleischabteilung**: meat department | **niederbrennen**: to burn down | **ein Lächeln aufsetzen**: to slap on a smile | **der drohende Blick**: threatening glance | **das Tierprodukt**: animal product | **süchtig**: addicted | **schwelend**: smoldering (passionate) | **die Abrodung**: clearing | **der Fleischersatz**: meat substitutes | **die Irrlehre**: false teaching | **die Freilandhaltung**: free range | **etw./jdm. den Kampf ansagen**: to declare war on sth./sb. | **der Tierquäler**: animal tormentor | **der Fleischesser**: meat-eaters | **die Gedenkworte**: words of commemoration | **jüngsten**: recent | **die große Sache**: the cause | **das Sterben**: dying | **dienen**: to serve | **die Hingabe**: dedication | **Lang lebe …**: Long live … | **aufschießen**: to shoot up | **verstummen**: to fall silent

*play of words on: **Der Geist ist willig, doch das Fleisch ist schwach**: The spirit is willing but the flesh is weak.

Übung

1. Warum sagt Katharina, Harald sei ihr Ehemann?

a) sie will inkognito bleiben

b) sie will Harald heiraten

c) sie will Marie neidisch machen

2. Wie viele Personen erscheinen in der Wohnung?

a) drei (mit den Kommissaren)

b) vier (ohne die Kommissare)

c) fünf (mit den Kommissaren)

3. Was findet Baumgartner in einer Ecke?

a) eine Kiste mit Essen

b) eine Kiste mit Werkzeug

c) eine Kiste mit Kleidung

4. Welcher Satz ist nicht korrekt?

a) Man muss nicht jeden Tag Fleisch essen.

b) Nicht jeden Tag muss man Fleisch essen.

c) Man jeden Tag muss nicht Fleisch essen.

10. Drecksarbeit

~

Staatsanwalt Rommelmeyer wartete im Flur der Mordkommission, als Kommissar Baumgartner und Kommissarin Momsen mit Marie erschienen.

Nachdem Baumgartner die Verdächtige in sein Büro geführt und die Tür geschlossen hatte, sagte Rommelmeyer zu Katharina: „Hier geht es zu wie in einem Stundenhotel. Herr Rasul hat seine Zelle vor weniger als zwanzig Minuten verlassen und Sie machen eine neue Festnahme?"

„Rasvan Rasul?", fragte Katharina. „Sie haben ihn gehen lassen?"

Der Staatsanwalt zuckte mit den Achseln. „Wir haben nichts gegen ihn in der Hand. Sie können nicht einfach Leute festnehmen ohne konkrete Beweise", sagte er.

„Wir haben etwas Besseres", sagte Katharina und zeigte durch eine Glastür auf Baumgartner und Marie. „Ein Geständnis."

„Diese Frau soll einen Mord begangen haben?", sagte Rommelmeyer. „Wer's glaubt, wird selig."

„Kennen Sie sie?", fragte Katharina.

Rommelmeyer seufzte. „Das ist eine Aktivistin, unverbesserliche Alt-68erin. Es gibt immer wieder Anzeigen gegen sie wegen Ruhestörung und anderem Kleinkram, aber Mord? Das glaube ich nicht."

„Nun ja", sagte Katharina. „Den Mord hat sie nicht direkt gestanden. Nur die Pandabärenaktion."

„Bitte was?", fragte der Staatsanwaltschaft.

„Sie hat eine Aktion zur Befreiung der Pandabären geplant", sagte Katharina. „Sie hat die Überwachungskameras mit einer Sprühdose außer Gefecht gesetzt und ein Loch in den Zaun geschnitten."

„Aber hineingegangen ist sie nicht?", fragte Rommelmeyer.

„Nein", sagte Katharina. „Woher wissen Sie das?"

„Diese Dame hat ein großes Mundwerk", sagte der Staatsanwalt. „Aber sie ist erstaunlich feige für eine Aktivistin. Ich nehme an, Frau Popescu sollte die Drecksarbeit machen?"

Kommissarin Momsen nickte. „Das war der Plan. Aber irgendetwas ist schiefgelaufen."

Der Staatsanwalt lachte. „Hat sie Ihnen auch gesagt, was sie mit den Pandabären machen wollte?", fragte der Staatsanwalt.

„Sie wollten ein Pandababy stehlen", sagte Katharina. „Eine Entführungsaktion mit großer Medienwirkung war geplant."

„Mit anderen Worten, sie hat die Aktion gestanden, aber nicht den Mord an Iuleta Popescu", sagte Rommelmeyer.

„Naja, indirekt ...", sagte Katharina.

„Tut mir leid", sagte der Staatsanwalt. „Aber das ist nicht genug. Außer Einbruch und Sachbeschädigung liegt nichts gegen sie vor."

„Aber ...", begann Kommissarin Momsen.

„Sie haben keine Tatwaffe, keinen Täter, kein Motiv", sagte Rommelmeyer. „Das ist miese Polizeiarbeit. Warum schließen Sie den Fall nicht ab und geben endlich zu, dass es ein Unfall war? In fünf Tagen fahre ich in den Urlaub. Ich will, dass Sie das bis dahin geklärt haben."

„Oh", sagte Katharina. „Geht es wieder in die Dominikanische Republik?"

„Nein", sagte Rommelmeyer. „Meine Frau hat mir eine Golfkreuzfahrt zur Silberhochzeit geschenkt. Stellen Sie sich das vor – ich und Golf!"

Katharina schnippste mit den Fingern, rief: „Das ist es!" und rannte den Flur hinunter.

~

die Verdächtige: female suspect | **das Stundenhotel:** no-tell motel | **die Zelle:** cell | **die Festnahme:** arrest | **etw. gegen jdn. in der Hand haben:** to have sth. on sb. | **Wer's glaubt, wird selig.:** As if! | **unverbesserlich:** inveterate | **der Alt-68er:** activist from the protest movement of 1968 | **die Ruhestörung:** disturbance of the peace | **der Kleinkram:** odds and ends | **die Befreiung:** liberation | **jdn./etw. außer Gefecht setzen:** to put sb./sth. out of action | **das Loch:** hole | **ein großes Mundwerk haben:** to be a bigmouth | **erstaunlich:** surprising | **feige:** cowardly | **die Drecksarbeit:** dirty work | **schieflaufen:** to go wrong | **stehlen:** to steal | **die Entführung:** kidnapping | **die Medienwirkung:** media impact | **der Einbruch:** breaking and entering | **die Sachbeschädigung:** damage to property | **nichts liegt gegen sie vor:** there's nothing against her | **der Täter:** offender | **mies:** lousy | **die Polizeiarbeit:** police work | **den Fall abschließen:** to close the case | **zugeben:** to admit | **der Urlaub:** holiday | **etw.**

klären: to untangle sth. | **die Golfkreuzfahrt**: golf cruise | **die Silberhochzeit**: silver wedding | **schenken**: to give [a present] | **Stell dir vor!**: Just imagine! | **mit den Fingern schnippsen**: to snap one's fingers

ANDRÉ KLEIN

🚬 Übung

1. Was hat Marie gestanden?

a) den Mord an Iuleta Popescu

b) den Einbruch in den Zoo

c) den Diebstahl von Diamanten

2. Woher kennt Rommelmeyer Marie?

a) sie wird häufig angezeigt

b) sie waren zusammen auf der Schule

c) sie sind verwandt

3. Was ist mit Rasvan Rasul passiert?

a) er hat versucht sich umzubringen

b) er hat den Mord an Iuleta gestanden

c) der Staatsanwalt hat ihn gehen lassen

4. Was wollten Marie und Iuleta im Zoo?

a) sie wollten ein Pandababy entführen

b) sie wollten ein Pandababy operieren

c) sie wollten ein Pandababy vergiften

11. Glückstreffer

„Mein Name ist Momsen. Kripo", sagte Kommissarin Momsen und betrat das Büro des Zoodirektors.

„Ah, Frau Momsen", sagte der Direktor und erhob sich hinter einem schweren Eichentisch. Der Zoodirektor war ein dicklicher Mann mit spärlichem weißen Haar und trug einen blauen Anzug. „Sie kommen wegen des Mädchens, nehme ich an? Eine schreckliche Sache", sagte der Zoodirektor und bat Katharina Platz zu nehmen.

„Nein danke", sagte Katharina und schaute sich im Büro um. An den Wänden standen antike Schränke und Kommoden. Hier und dort hingen gerahmte Medaillen und Zertifikate.

„Spielen Sie Golf, Herr ...?"

„Leisegang", sagte der Direktor.

„Oder ist das nur Dekoration?", fragte Katharina, bevor er antworten konnte, und zeigte auf eine Golftasche hinter einer Zimmerpflanze.

Der Direktor blickte regungslos in den Raum.

„Wo waren Sie am Mittwoch zwischen vier und fünf Uhr?", fragte Katharina.

„Ich ... auf dem Weg zu einem Turnier", sagte Herr Leisegang.

Katharina schüttelte den Kopf. „Nein, Sie waren hier im Büro. Erst nach halb sechs haben Sie den Zoo verlassen."

Der Direktor seufzte. „Kann sein", sagte er. „Was tut das zur Sache?"

Katharina antwortete: „Das macht Sie zum primären Tatverdächtigen!"

„Aber warum soll ich das Mädchen umgebracht haben?", fragte Herr Leisegang. „Ich kannte sie nicht einmal."

„Hören Sie", sagte Kommissarin Momsen. „Wir wissen, dass Sie ein Verhältnis zu Iuleta Popescu hatten."

„Und wenn schon", sagte Herr Leisegang. „Mein Privatleben geht Sie nichts an."

„Normalerweise nicht. Aber wenn Ihr Privatleben zum Tod einer jungen Frau führt, geht mich das sehr wohl etwas an!", sagte Katharina. „Also, was ist in dieser Nacht passiert?"

Der Direktor schwieg und sagte nach einer Weile: „Sie stand plötzlich vor meiner Tür ... ihre Arme waren zerkratzt."

„Dank Ihrer Pandabären", sagte Katharina.

„Wie bitte?", sagte Herr Leisegang.

„Iuleta Popescu war Mitglied eines radikalen Tierschutzvereins", sagte Katharina. „Ich nehme an, das ist der Grund, warum Ihr Zoorestaurant kein Fleisch mehr anbietet?"

„Radikal? Verein? Sie hat gesagt, sie liebt die Tiere so sehr und es wäre unfair die einen zu streicheln und die anderen zu essen", sagte Herr Leisegang und stand auf. „Ich habe sie geliebt! Ich hätte alles für sie getan!"

„Alles?", fragte Katharina. „Hatte Iuleta einen Schlüssel zu den Tiergehegen?"

Der Direktor nickte. „Sie hat sich sehr um die Tiere gekümmert und den Wärtern geholfen. Also habe ich ihr einen Generalschlüssel gegeben. Aber das Pandagehege hat ein neues Computersystem ...", sagte Herr Leisegang und verstummte.

„Und für den Haupteingang?", fragte Katharina.

Der Zoodirektor schüttelte den Kopf.

„Was wollte Iuleta von Ihnen, als sie in der Nacht hier im Büro stand?", fragte Katharina.

„Sie ... sie wollte das Passwort für das Pandagehege", sagte Herr Leisegang.

„Und? Haben Sie es ihr gegeben?", fragte Kommissarin Momsen.

„Nein", sagte der Direktor. „Sie schien verwirrt. Ich habe ihr gesagt, dass ich sie nach Hause fahre. Sie wurde wütend. Ich habe versucht sie zu umarmen. Aber sie hat um sich geschlagen. Plötzlich hatte sie einen meiner Golfschläger in der Hand. Sie hat zugeschlagen ..."

„Und Sie haben den Schlag abgewehrt?", sagte Katharina.

„Ja, aber sie hat mich am Kinn getroffen", sagte der Direktor. „Dann ist sie davongerannt. Ich bin ihr gefolgt, bis wir zum Pandagehege kamen. Da hat sie abermals das Passwort verlangt. Ich habe versucht sie zu beruhigen. Aber sie schrie, dass sie mich hasste und dass unsere Beziehung eine Lüge sei. Sie sagte, sie ekelte sich vor mir. Sie hatte den Golfschläger noch immer in der Hand. Sie drohte abermals zuzuschlagen. Aber ich riss ihr den Schläger aus der Hand. Sie begann um sich zu treten und zu kratzen. Ich versuchte mich mit dem Golfschläger zu schützen, machte eine unvorsichtige Bewegung und ... traf sie am Kopf."

„Und sie verlor das Gleichgewicht und fiel in das Gehege", sagte Kommissarin Momsen.

Direktor Leisegang nickte und seine Stimme brach, als er sagte: „Ich wollte doch nur das Beste für sie!"

„Warum haben Sie uns dann nicht informiert?", sagte Katharina.

„Als ich Iuleta sah – auf dem Boden des Pandageheges – dachte ich es, sei alles nur ein böser Traum. Ich stand für einige Minuten da, bis ich ein Geräusch hörte", sagte der Direktor.

„Also sind Sie geflohen", sagte Kommissarin Momsen. „Aber warum haben Sie nicht später die Polizei alarmiert?"

„Wer glaubt mir denn so eine Geschichte?", fragte Herr Leisegang.

„Ich weiß es nicht", sagte Katharina. „Ich weiß es wirklich nicht. Aber das wird ein Gericht entscheiden."

~

der Eichentisch: oak table | **Ich nehme an ...**: I assume ... | **eine schreckliche Sache**: a terrible thing | **jdn. bitten Platz zu nehmen**: to ask sb. to be seated | **die Kommode**: chest | **die Medaille**: medal | **die Golftasche**: golf bag | **die Zimmerpflanze**: house plant | **regungslos**: motionless | **das Turnier**: tournament | **der Tatverdächtige**: suspect | **das Verhältnis**: relationship | **das Privatleben**: privacy | **sich um jdn. kümmern**: to take care of sb. | **verwirrt**: confused | **wütend**: furious | **um sich schlagen**: to lash out | **der Golfschläger**: golf club | **abwehren**: to fend off | **abermals**: once again | **jdn. beruhigen**: to calm sb. | **die Beziehung**: relationship | **die Lüge**: lie | **sich vor etw. ekeln**: to be disgusted by sth. | **drohen etw. zu tun**: to threaten to do sth. | **jdm. etw. aus der Hand reißen**: to pry sth. out of sb.'s hand | **unvorsichtig**: careless | **treffen**: to hit | **das Gleichgewicht verlieren**: to lose balance | **brechen**: to break | **der böse Traum**: bad dream | **das Gericht**: court | **entscheiden**: to decide

🚬 Übung

1. Wo ist Kommissarin Momsen?

a) im Büro des Zoodirektors

b) im Büro des Staatsanwalts

c) im Büro der Mordkommission

2. Warum fragt Katharina, ob der Direktor Golf spielt?

a) sie sucht einen Partner

b) sie sucht einen Trainer

c) sie sucht nach der Tatwaffe

3. Warum ist Iuleta im Büro des Direktors erschienen?

a) sie wollte das Passwort für das Pandagehege

b) sie wollte das Passwort für Leisegangs Laptop

c) sie wollte das Passwort für das drahtlose Internet

4. Warum hat Iuleta Herrn Leisegang angegriffen?

a) er wollte sie schlagen

b) er wollte das Passwort nicht herausgeben

c) er hat sie beleidigt

12. Unter vier Augen

„Einen Döner mit allem und extra Käse", sagte Harald Baumgartner. „Zum Hier-Essen."

„Und für Sie?", fragte der Dönerbudenbesitzer. „Einen Döner bitte, ohne Fleisch und ohne Zwiebeln", sagte Katharina.

„Döner ohne Fleisch", sagte Baumgartner. „Das ist

wie Kirche ohne Amen."

Katharina ignorierte ihren Kollegen. Die beiden Kommissare setzten sich und Harald sagte: „Nächstes Mal, bevor du auf eigene Faust losziehst, bitte gib mir eine Warnung. Der Rommelmeyer hat mir eine Standpauke gehalten."

„Wirklich?", sagte Katharina. „Als ich ihm den Zoodirektor gebracht habe, schien er zufrieden."

„Okay, ich geb's zu!", sagte Baumgartner und seufzte. „Du hast den Fall gelöst." Katharina lächelte.

„Aber wie bist du auf die Idee mit dem Direktor gekommen?", fragte Harald.

„Rommelmeyer hat irgendetwas von seinem Urlaub erzählt", sagte Katharina. „Und da fiel es mir wie Schuppen von den Augen! Dieser Abdruck mit den Rillen – mein Vater hat früher Golf gespielt, daher kannte ich die Form! Und dann habe ich mich erinnert, dass Herr Sommer von diesem Golfturnier erzählt hat."

„Kräuter, scharf, Knoblauch?", rief der Dönerbudenbesitzer.

„Kräuter", sagte Katharina.

„Scharf", sagte Harald. Zu Katharina sagte er: „Eins verstehe ich nicht. Woher wusstest du, dass der

Direktor ein Verhältnis mit Iuleta hatte?"

„Erinnerst du dich an das Handy?", sagte Katharina. „Auf dem Telefon selbst war nichts zu finden. Aber nach dem Gespräch mit Rommelmeyer habe ich mir von der Mobilfunkfirma eine Liste aller eingehenden und ausgehenden Anrufe geben lassen. Dreimal darfst du raten, welche Nummer immer wieder aufgetaucht ist."

„Guten Appetit", sagte der Dönermann und servierte zwei Teller.

„Danke", sagte Katharina. Kommissar Baumgartner zupfte ein Stückchen Fleisch aus seinem Fladenbrot und sagte: „Mmmh, knusprig. Du weißt nicht, was dir entgeht, Katharina!"

„Apropos entgehen. Woher hatte Iuleta diese Kratzer, glaubst du?", fragte Kommissarin Momsen.

„An den Armen?", sagte Baumgartner zwischen zwei Bissen. „Das ist einfach. Das waren die Pandabären." Katharina stutzte. Baumgartner lächelte und sagte: „Ja, mit Sicherheit! Du erinnerst dich, was der Zoowärter gesagt hat. Pandas sind vielleicht Vegetarier, aber in ihnen schlummert das Temperament eines Fleischfressers."

„Du meinst, die Pandabären haben Iuleta angegriffen?", sagte Katharina und biss in ihren Döner.

„Ich sehe das so", sagte Baumgartner mit vollem Mund und schluckte. „Iuleta betritt den Wartungseingang des Pandahauses mit ihrem Schlüssel. Sie versucht das Baby zu stehlen, aber den Eltern gefällt das gar nicht. Nachdem sie ein paar ordentliche Kratzer abbekommen hat, sieht Iuleta ein, dass sie das Jungtier nicht so leicht von den Eltern trennen kann, es sei denn, sie schickt die großen Pandas nach draußen."

„Aber dafür brauchte sie das Passwort für das Tor", sagte Katharina und nickte. „Mich wundert jedoch, dass das Mädchen so schnell radikalisiert wurde."

„Wieso?", sagte Harald. „Radikalisierung folgt immer einem klaren Muster. Zuerst ist da die Entwurzelung, das Gefühl des Fremdseins. Man spricht eine andere Sprache, hat eine andere Kultur, wird komisch angeschaut wegen seinem Akzent, Kleidung und so weiter. Dann kommt die Einsamkeit, Isolation, Frustration. Finanzielle Schwierigkeiten sind das i-Tüpfelchen. Und solche radikalen Aktionen geben den Tätern wieder ein Gefühl von Macht und Kontrolle."

„Seit wann kennst du dich denn mit Psychologie

aus?", fragte Katharina.

„Allgemeinwissen?", sagte Harald. Katharina fixierte ihn mit einem scharfen Blick. Baumgartner lachte. „Keine Sorge. Ich habe letztens eine Doku über Terrorismus gesehen", sagte er. Katharina lächelte und sagte: „Aber die Doku über Dönerfleisch hast du immer noch nicht gesehen, oder?"

Kommissar Baumgartner nahm einen großen Bissen, schloss die Augen und kaute. Nach ein paar Sekunden sagte er: „Gesundheit allein macht auch nicht glücklich."

~

unter vier Augen: in confidence | **Zum Hier-Essen?**: Eat-in? | **der Dönerbudenbesitzer**: kebab shop owner | **die Kirche**: church | **auf eigene Faust**: on your own | **jdm. eine Standpauke halten**: to give sb. a (real) dressing-down | **von wegen**: about | **Wirklich?**: Really? | **zufrieden**: content | **lächeln**: to smile | **Es fiel mir wie Schuppen von den Augen.**: The scales fell from my eyes. | **die Kräuter**: herbs | **scharf**: spicy | **der Knoblauch**: garlic | **die Mobilfunkfirma**: cell phone company | **zupfen**: to pull | **das Stückchen**: little bit | **das Fladenbrot**: flat-bread | **knusprig**: crispy | **sich etw. entgehen lassen**: to miss sth. | **stutzen**: to stop short | **mit Sicherheit!**: for sure! | **schlummern**: to slumber | **der Wartungseingang**: maintenance entry | **ordentlich**: proper | **etw. einsehen**: to realize sth. | **es sei denn**: unless | **radikalisieren**: to become radical | **die Entwurzelung**: uprooting | **das Gefühl des Fremdseins**: feeling of alienation | **jmd. wird komisch angeschaut**: sb. gets strange looks | **die Einsamkeit**: loneliness | **das i-Tüpfelchen**: icing on the cake | **die Macht**: power | **die Kontrolle**: control | **sich mit etw. auskennen**: to be familiar with sth. | **der Bissen**: bite

Übung

1. Wieso wusste Katharina, dass der Zoodirektor und Iuleta ein Verhältnis hatten?

a) sie hat mit der Mobiltelefonfirma gesprochen

b) sie hat einen Brief gefunden

c) Rasvan hat es ihr erzählt

2. Woher hatte Iuleta die Kratzer an den Armen?

a) sie hat sich am Stacheldraht verletzt

b) die Pandabären haben sie angegriffen

c) sie ist ins Gebüsch gefallen

3. Wie hat Katharina die Tatwaffe identifiziert?

a) sie hat einen Golfball gefunden

b) sie hat im Internet recherchiert

c) sie hat sich an die Golfschläger ihres Vaters erinnert

4. Wie heißt der Satz korrekt?

a) Geld allein macht nicht glücklich

b) Spaß allein macht nicht glücklich

c) Liebe allein macht nicht glücklich

Answer Key / Lösungen

1. c, a, a, c
2. c, b, a, b
3. a, c, b, b
4. b, a, b, b
5. a, b, b, c
6. b, c, b, a, a, b, a
7. a, b, c, a
8. a, b, a, a
9. a, c, b, c
10. b, a, c, a
11. a, c, a, b
12. a, b, c, a

Acknowledgements

A big thank you to everyone who contributed constructive feedback and editing along the way.

Special thanks: Bruce Donaldson, Edward Wynne, Paul Novis, Stephanie McGowan, Violet Wong, Wes Velkov, Martin Scudamore, Patrick Gilchrist, Timothy Fuller, Rosemarie Johnson

―

This book is an independent production. Did you find any typos or broken links? Send an email to the author at andre@learnoutlive.com and if your suggestion makes it into the next edition, your name will be mentioned here.

―

About the Author

André Klein was born in Germany, grew up in Sweden and Thailand and currently lives in Israel. He has been teaching languages for more than 15 years and is the author of various short stories, picture books and non-fiction works in English and German.

Website: andreklein.net
Twitter: twitter.com/barrencode
Blog: learnoutlive.com/blog

Collect all Baumgartner & Momsen Episodes

He is a grumpy old-fashioned flatfoot with an infallible instinct for catching killers, she's a sassy sleuth and a cold sober markswoman. Get all the adventures of Kommissar Baumgartner and his colleague Kommissarin Katharina Momsen now and learn German effortlessly with special emphasis on idioms and natural language crammed with humor and suspense.

Episode 1: *Mord Am Morgen*

In an abandoned house at the outskirts of a small town, an unidentified body has been found. Can you help Kommissar Harald Baumgartner and his colleague Katharina Momsen solve this case and improve your vocabulary along the way?

available as ebook & paperback

Episode 2: *Die Dritte Hand*

In a small seaside town body parts start appearing out of nowhere. To whom do they belong? Can you help Kommissar Baumgartner and his colleague Kommissarin Momsen identify and catch the murderer?

available as ebook & paperback

Episode 3: *Des Spielers Tod*

In a seedy internet café the dead body of a teenager is found. What caused his death? Did he die from exhaustion or was it murder? Help Kommissar Baumgartner and his colleague Katharina Momsen unravel this mystery and improve your vocabulary at the same time!

available as ebook & paperback

Episode 5: *Heidis Frühstück*

When a loyal family dog comes upon a human ear in its feeding dish one morning, the police is notified immediately, but due to a sudden change in staff, the investigation proceeds only haltingly. Help Kommissar Baumgartner and Kommissarin Momsen solve this case and improve your German effortlessly along the way!

available as ebook & paperback

Get Free News & Updates

Go to the address below and sign up for free to receive irregular updates about new German related ebooks, free promotions and more:

www.learnoutlive.com/german-newsletter

We're also on Facebook and Twitter:
Visit us at facebook.com/**LearnOutLiveGerman** or twitter.com/**_learn_german**

You Might Also Like ...

This interactive adventure book for German learners puts you, the reader, at the heart of the action. Boost your grammar by engaging in sword fights, improve your conversation skills by interacting with interesting people and enhance your vocabulary while exploring forests and dungeons.

available as paperback and ebook

LEARN GERMAN WITH STORIES:

Café in Berlin

10 SHORT STORIES FOR BEGINNERS

Newly arrived in Berlin, a young man from Sicily is thrown headlong into an unfamiliar urban lifestyle of unkempt bachelor pads, evanescent romances and cosmopolitan encounters of the strangest kind. How does he manage the new language? Will he find work?

available as paperback and ebook

A picture book for the young and young at heart about an unusual friendship between two pets.

available as paperback and ebook

Help Bert unravel the mystery of the book-threatening "reading machine". What does it want? Where does it come from? And will he be able to protect his leather-bound friends from its hungry jaws?

available as paperback and ebook

Thank you for supporting independent publishing.

learnoutlive.com

Made in the USA
Las Vegas, NV
01 October 2023